転ばぬ先のレシピ

ヤコブが書き送った勝利の信仰生活

有賀喜一［著］

キリスト新聞社

ヤコブの手紙について

ヤコブの手紙は、新約聖書という宝庫の一画に、ヘブル人への手紙の後、「一般の手紙」あるいは「公同の手紙」と呼ばれている七つの小さい手紙の最初に置かれています。パウロの手紙のように、明確な宛て名としての教会や個人名がなく、信者全般を対象とした回状のような性格を持っているところから、そのように呼ばれるのです。

以前神学校で「公同の手紙」が取り上げられ、七つの小さい手紙の各書の基調を一句で表現したことがあり、非常に感銘を受けました。それは、以下のようなものです。

ヤコブの手紙─「本物、そのものであれ」。危険なのは、口だけ、頭だけになりやすいことである。

ペテロの手紙第一―「忍べ」。希望の忍耐。危険は火のような試練、迫害が振りかかりつつあるから。
ペテロの手紙第二―「まず知識に進め」。危険は嘲笑者に起こるから。それはおまえがキリストを知らないからだと嘲笑者に言い返せるほどに、主イエス・キリストとその恩恵を知る知識に進め。
ヨハネの手紙―「御子キリストを知る交わりの秘訣」。
ユダの手紙―「信仰のために力を尽くして戦え」。
これらのメッセージは全体として、「本物であれ。そうすれば迫害を受けるだろうが忍べ。あざける者には知識を持って応答せよ。そのために、そして本物であり得るために、神の前に沈潜せよ。そして自らを神の愛の中に守りつつ信仰の力闘をせよ」と言っているようです（小島伊助）。
現代は真偽が問われる時代です。今こそ本物のキリスト者が、また「何一つ欠けたところのない、成長を遂げた、完全な者」（一・四）として、成熟したキリスト者として個人的・家庭的・教会的・社会的に生きることが要求されているのではないでしょうか。
ヤコブの手紙は、ヘブル人への手紙の後に置かれています。ヘブル人への手紙の中心主題の一つは、成熟した完全であり、完全という言葉が十四回用いられています。カギの言葉は「成熟を目ざして進もうではありませんか」（ヘブル六・一）であり、これは霊的な成熟のことです。すなわち、ヘブル人への手紙の著者は、キリストがいかに完全な救い主であり、この完全な救い主からいかに完全な救い（成熟）をいただけるのかを明白にしているのです。そしてヤコブは、この完全な救い主から完全な救いをいただいた者の完全な（成熟した）歩みを明白にしています。

「神と主イエス・キリストのしもべヤコブ」（一・一）が著者ですが、このヤコブとはだれでしょうか。ヤコブという名は旧約聖書に登場する偉大な父祖のひとり、ヤコブから出て、よく知られ用いられた名です。新約聖書中、ヤコブと呼ばれた人物は四人います。

①ゼベダイの子、ヨハネの兄弟ヤコブ（マタイ四・二一）。
②アルパヨの子ヤコブ（マタイ一〇・三）。
③ユダの父ヤコブ（ルカ六・一六）。このユダはイスカリオテのユダと区別するため、ヤコブの子と言われている。
④主の兄弟ヤコブ（マタイ一三・五五）。

三世紀の前半になって、神学者オリゲネスが、④のヤコブをこの手紙に結び付け、以後この手紙は伝承的に主の兄弟ヤコブの作とされています。

このヤコブは最初イエスを信じませんでした（ヨハネ七・五）。しかし、主の復活後、主を信じる者となり（使徒一二・一七）、エルサレム教会の指導者となりました（参照Ⅰコリント一五・七、ガラテヤ一・一九）。新約聖書中、主の兄弟ヤコブへの言及は使徒二一章一八、一九節にあります。その後の彼について、確実なことは分かりません。伝承によると、紀元六二年ごろ、石で打たれて殉教したようです。彼は祈りの人で、ひざは祈りのために節くれだって固くなり、彼の最後の祈りは「父よ。彼らをお赦しください。彼らは何をしているのか自分でわからないのです」であったと伝えられています（キリストの十字架上の祈りと同じく）。

執筆年代については、紀元六〇年頃と考えられます。

ヤコブの手紙は、彼の説教であり、教理的、神学的というよりも建徳的であると言われます。

この手紙が、私たちの教化のために保存されたことを神に感謝しています。

有賀喜一

ヤコブの手紙　目次

＊本文中の聖書引用は新日本聖書刊行会『聖書　新改訳』第三版による。

一　あいさつ（一・一）

東方の隊商の一行が、砂漠の真ん中で水の補給ができず、たいへんな目に遭ったことがありました。旅の途中でいつも水を補給していた泉が、その年は全部干上がっていたのです。灼熱の砂漠を一日中歩いて、彼らは脱水症状になり、死を待つばかりでした。

するとその時突然一人の老人が招待の方へ近付いて来て、隊長に助言を与えました。隊長は、自分の花嫁への贈り物にしようと二頭の鹿を連れていたのですが、老人はその鹿を砂漠に放すように言いました。鹿は元来、鋭敏な嗅覚を持っており、水のある場所を必ず探し出すというのです。二頭の鹿も水に乾き、胸はふくれ、舌を出して疲労にあえいでいましたが、放されると、頭を上げ、やがて確かな動物の本能により、矢のようにまっすぐに、風のような速さで砂漠を走り始めたのです。隊員の一人が馬で鹿の後を追いかけました。

それから一、二時間たって、後を追っていった隊員が、泉が発見されたという朗報を持って帰ってきたのです。一行は喜びの叫びと感動でわき返りました。

ヤコブの手紙を読んだ信者も、生き返る思いがしたことでしょう。

一章一節のあいさつの中には、キリスト教の大切な基本的概念が含まれています。

（一）キリスト者の回心

イエス・キリストが十字架にかけられる前までは、ヤコブも、他の兄弟、姉妹たちもキリスト信者ではありませんでした（マルコ三・二一）。キリストがどんなにすばらしい奇蹟を行い、どんなにきよい生活をしていても、その家族のものは誰も、キリストが神の子であり、救い主であると認めませんでした。

しかしある時、ヤコブの人生に明確な変化が起こりました。

「神と主イエス・キリストのしもべヤコブ」という手紙の文面の中に、イエス・キリストを主として受け入れ、変えられたヤコブの回心の事実を明白にあらわしています。復活された主にお会いしたことが、ヤコブの人生の転機でした（Ⅰコリント一五・七）。ペンテコステの時、屋上の間で心を合わせて祈っていた信者の群れの中に、ヤコブの姿も見いだされます（使徒一・一四）。父も、母も、その環境も、イエスとの三十年間の生活も、ヤコブに主を知らせることはできませんでしたが、復活された主に接し、ヤコブは主を知ることができたのです。

救われたヤコブはへりくだってイエスを「自分の兄弟」とは言わず、「神と主イエス・キリストの」「しもべ」と言って一生を貫いたのです。何とすばらしい回心でしょうか。

（二）キリスト者の奉仕

「しもべ」ヤコブという自己紹介の言葉には、徹底したキリスト者の奉仕の姿が見られます。しかも「しもべ」とは奴隷のことです。主人の所有物となり、絶対的服従（神への奉仕のために自己を否定し）、謙遜、忠誠という三つの意味を含んでいます。

しもべは不名誉な称号ではなく、旧約聖書中の最も偉大な人々（アブラハム、モーセ、ヨシュア、カレブ、イザヤなど）神の「しもべ」としてその栄光のために生きた人々の、誇り高い称号です。ヤコブは神に完全に従い、神の栄光のために生きることによって、彼らの大いなる後継者となったのです。

（三）キリスト者の交流

「国外に散っている十二の部族へのあいさつを送ります」。

この手紙の読者は、パレスチナ以外に住んでいる全世界のユダヤ人です。当時、何百万というユダヤ人が離散していました。しかしこれによって全世界にキリスト教が伝えられ、彼らが行く先々に会堂が建てられ、伝道することができました。

ユダヤ人は最初アッシリヤへ強制的に連行され（紀元前七二二年頃）、続いてバビロニアへ（紀元前五八〇年頃）、第三回目はローマへ（紀元前六三年）奴隷として連行されましたが、さまざまな抑圧にもかかわらず力強く生き抜き、増加し、自分たちの信仰を守り通しました。これらの離散したユダヤ人の会堂が、ユダヤ教からの改宗者たちによって、全世界的なキリスト者の交わりに発展していったのです。

かつてイスラエルが神に選ばれ、祝福された民であったように、信仰によりイエス・キリストを信じ受け入れた全世界のキリスト者は、神の選びと特権と祝福に生きる者たちとして、キリスト教会全体の交流を成すのです。

二　成熟したキリスト者の道程（一・二〜一二）

（一）試練の目的（一・四）

ある訪問者が、るつぼで銀を製錬している銀細工人を見ていました。銀細工人がるつぼに点火すると、だんだん火力は強くなっていきます。不思議に思った訪問者は尋ねました。「なぜ、そんなにじっと見ているのですか?」——銀細工人は、「私は私の顔を探しているのです。銀の中に私自身の顔が映るようになる、それが完成のしるしだからです」。銀細工人は、なぜ銀を火にかけたのでしょうか。それは不純物を取り除くためです。

試練は私たちに神の怒りを下す死刑執行人のようなものではありません。試練は、私たちに神の愛を注いでくれます。

苦難や試練や悲しみを通して、神の御姿を私たちの中に探し求めておられます。

「私の兄弟たち。さまざまな試練に会うときは、それをこの上もない喜びと思いなさい。……その忍耐を完全に働かせなさい。そうすれば、あなたがたは、何一つ欠けたところのない、成長を遂げた、完全な者となります」（一・二〜四）。神は、私たちの姿をぼかす不純物の、すべてをきよめてくださるのです。

「完全な者」（一・四）とは、神のような絶対的完全とか、アダムが最初に創造された時の完全、無謬（むびゅう）状態、身体的知能的な弱さからの解放、あるいは誘惑のない状態、堕落しないこと、進歩の余地がない完全さという意味では決してありません。あらゆる部分でバランスのとれた成人という意味です。「何一つ欠けたところのない」とは成熟のことで、「完全な者」は標準に到達した人を意味します。参考のために文語訳を見ると、「欠点のない、完全な人となるように」となっています。これは、完成した十分に均衡のとれたきよい生活を表現していると言われます。

神は、特に愛するキリスト者が、試練を通してこのような霊的な「おとな」（エペソ四・一三、ヘブル六・一参考）、すなわち成熟したキリスト者になることを願っておられるのです。

（二）試練の設定（一・二）

神はキリスト者に、試練を期待するように教えています。

ヤコブは愛情を込めて、「私の兄弟たち」と十九回も呼びかけています。「兄弟」ということばには単に肉体的兄弟ではなく、「主にある兄弟」という意味が含まれています。ヤコブはキリスト者の新生の教え、みことば（一・一八）をしっかり持っていました。神は、私たちをイエス・キリストにある救いの福音（エペソ一・一三、コロサイ一・五）によって救い、新しいいのちを与えて、私たちを神の家族（エペソ二・一九）としてくださったということです。神は、御自分の子どもたちが成熟するようになると、「さまざまな試練」を設定されておられるのです。

ヤコブは、キリスト者の生きるこの世について現実的な見方を示しています。「試練は必ずくる」。そしてあらゆる種類の経験を体験させるのです。

「あなたがたは、世にあっては患難があります」（ヨハネ一六・三三）と言われました。パウロも、「私たちが神の国に入るには、多くの苦しみを経なければならない」と言いました（使徒一四・二二）。試練は成熟したキリスト者になるための試練ですから、「それをこの上もない喜びと思」う（一・二）のは当然です。

キリスト者は、スポーツマンシップのようなものです。コーチが練習量を多くすればするほど、その道程は強化され、勝利を得るにふさわしい者となっていきます。「信仰の創始者であり、完成者であるイエスから目を離さないでいなさい。イエスは、ご自分の前に置かれた喜びのゆえに、はずかしめをものともせずに十字架を忍び、神の御座の右に着座されました」（ヘブル一二・二）。

喜びで終わりたければ、喜びをもって始めることです。

（三）試練の効果（一・三）

神がアブラハムを信仰による生涯に召された時、彼の信仰を増すために、多くの試練を送られました。神は最善を引き出すため人に試練を与え、サタンは最悪に落とすために誘惑します。「信仰の試練は、火で精錬されつつなお朽ちていく金よりも尊く、イエス・キリストの現れのときに称賛と光栄と栄誉になることがわかります」（Ⅰペテロ一・七）と言われている通りです。

忍耐は、じっと耐え我慢しているという消極的なことではなく、パウロは、「神がすべてのことを働かせて益としてくださることを、私たちは知っています」（ローマ八・二八）と言い、また「患難さえも喜んでいます。それは、患難が忍耐を生み出し、忍耐が練られた品性を生み出し、練られた品性が希望を生み出すと知っている」（ローマ五・三四）と言い、試練の効果を深く洞察しています。

信仰生活の妙味は、神の前に「自分のわざを終えて休ん」で（ヘブル四・一〇）、「静かに」（イザヤ三〇・一五）、神が必ず成し遂げてくださるという信仰による忍耐力を「完全に働かせる」ところにあります。

そうすれば、「試練に耐える人は幸いです。耐え抜いて良しと認められた人は、神を愛する者に約束された、いのちの冠を受けるからです」（一・一二）というみことばが実現するのです。

（四）試練への応答（一・五～一二）

成熟したキリスト者になるという目的に対し、神が設定された道程は試練でした。その試練には偉大な効果があることが明白です。キリスト者が、救い主イエス・キリストの苦難を、非常に喜ばしいと思うのは当然です。しかし、残念ながらこの霊の秘訣を心得ていない者がいたようで、ヤコブは「知恵」を「神に願い求めなさい」（一・五）と勧めています。この「知恵」とは人間的知恵ではなく、神からの知恵です。ヤコブは、後で知恵について詳述しています（三・一三～一八）。

知恵とは「分解する能力」で、「合成する能力」だと言った人がいます。試練の中において、なぜ解決のための力や恵み、救出を願わないで、「知恵」を願うべきなのでしょうか。「成熟したキリスト者となるために、神が成長の機会として試練を与えておられる」ことを深く洞察し、適切に応答するには、「知恵」が必要だからです。この知恵は、キリスト者に「惜しげもなく、とがめることなくお与えになる神」（参照マタイ七・七～一一、ルカ一一・九～一三）からの賜物であって、人間生来の努力によっては獲得できないのです。

ヤコブは、「何を願うべきか」と共に、「どのように願うべきか」も説明しています。「少しも疑わずに、信じて願」うのです（一・六）。願う者は一点の疑念も持たずに求めなければなりません。疑念を抱いて求める人の心は波立っている海のようなもので、風の具合であちらこちらへと揺れ動いてしまいます（エペソ四・一四）。

信じて願う者には、神は「さらに豊かな恵みを与えてくださいます」（四・六）。しかし、疑う人は「二心のある人」（一・八）、つまり内部に二つの心を持った人間で、神への信頼と不振が同居している内乱状態の人です。水の上を歩いてイエスの方へと行き、風を見て恐ろしくなり、沈みかけたペテロと同じです（マタイ一四・二二～三三）。

試練への応答はさらに、価値の正しい基準の霊的な適用によってなされます。キリスト者には恵みによる逆説があります。「貧しい境遇」（一・九）低い身分であっても、キリストにあっては高くされます。初代教会には階級の差別はなかったので、自分が教会内で大切な存在であると知ることができました。さらに神にとっては、キリストがその人のために死なれたのですから、どんな人をも無価値と呼ぶことはできないのです。それゆえ、「自分の高い身分を誇り（栄光）としなさい」（一・九）と言われたのです。「富んでいる人」はキリストによって自己卑下を学び、富に依存する危険を十分に知らされているのです。パレスチナの砂漠では、一雨あると小さな草の芽が吹き出しますが、一日中かんかん照りが続くと熱風が吹き付け、草木を焼き尽くしてしまいます（一・一〇、一一参照）。ヤコブは富んでいる人たちに、自己の人間的無力さの本質を知り、謙遜になって永遠なるものを与えてくださる唯一絶対の神に、心から依存するように勧めています。

このようにして、試練への応答は、神よりの理恵と、霊的資源によって、見事に解決することができるのです。

ヤコブは結びとして、成熟したキリスト者はその道程で、この世と彼の世において二重の報いを受けると言っています。まず「成長を遂げた、完全な者」（一・四）となること、さらに、キリストが再臨される時に「いのちの冠」を受けると保証しているのです（一・一二）。試練があっても、栄光がそれに続く。十字架で始まり、冠で終わる。私たちがこの生涯を貫くことができるのは、「神を愛する」という動機があるからです。まったく明け渡された心には、神を愛するゆえに、信頼と服従があるのみです。

三　成熟したキリスト者の確信（一・一三～一八）

　スイスに避暑に来ていた一人の婦人が、ある日散歩に出かけ、山腹にある羊の囲いのところに来ました。中をのぞいてみると、羊飼いがいて、彼の周りには羊が群がっていましたが、群れを離れた場所にたった一匹だけ横たわり、苦しんでいる羊がいました。その羊は足が折れていたのです。婦人はかわいそうに思い、羊飼いにどうしたのかと尋ねました。

「奥さん。私がその羊の足を折ったのですよ」

婦人の顔には悲しみの色が浮かびました。それを見て羊飼いは続けて言いました。

「奥さん。私の群れの羊の中で、こいつが一番言うことを聞かないんですよ。私の声に絶対に従いません。私が群れを導こうとしても、ついて来ないのです。危ない崖や目がくらむような深い谷の淵のへりに、迷い込むのです。私は前にもこの種の羊を持った経験がありますが、こいつは自分が従わないだけならまだしも、群れの他の羊をも迷わすのです。だから私はこいつの足を折ったのです。

足を折った最初の日、私がえさを持っていくとかみついたので、こいつを引き離しておき、数日たって、またこいつのところへ行ってやりました。今ではえさを食べるばかりでなく、私の手をなめ、服従のしぐさを見せるのです。折られた足も間もなくよくなるでしょう。この羊が回復したら、私の羊の群れの模範となるでしょう。こいつはこれから、仲間を迷わす代わりに私の言うことを聞かない羊の模範となり案内役となって、他の羊を私が連れていこうとする道に従順に従わせるのです。要するに、始末に負えなかったこの羊に、完全な変化が来るということです」

ヤコブは外的試練に打ち勝つことから、内的誘惑にも打ち勝つことのできる成熟したキリスト者の確信について、三つの方向から述べています。当時ユダヤ人の間には、経験だけを通し、あらゆる人の内部には二つの傾向と二つの本質があるという見方がありました。彼はそれを「良い傾向」と「悪い傾向」と呼んでいました。そこで彼らはどこから悪い傾向が生まれるかを説明しようとしたのです。

時の初めから、人間には自分の罪を他人に負わせようと責任転嫁する本能がありました。これは現在も存在しています。エデンの園で禁じられていた木の実を食べた罪を神にとがめられた時のアダムの答えは、「あなたが私のそばに置かれたこの女が、あの木から取って私にくれたので、私は食べたのです」（創世記三・一二）でした。続いて神が女（エバ）の行為をとがめると、彼女は「蛇が私を惑わしたのです。それで私は食べたのです」（同三・一三）と答えました。アダムは「私のせいにしないでエバのせいにしてください」と言い、エバは「蛇のせいにしてください」と言ったのです。人間は常に責任回避の熟練者です。

ヤコブは「愛する兄弟たち。だまされないようにしなさい」（一・一六）と言って、そのような見解を厳しく叱責しています。かえって神の真の取り扱い、神の良い賜物と神の新創造の内的美を熟考することによって、誘惑に対処することができ、見事な勝利を収め得るとう確信を主張しているのです。

（二）神のさばきを熟考せよ（一・一三〜一六）

ヤコブは、罪の終局である死をしっかり見通せと言います。罪に陥った責任を神に転嫁してはなりません。「神は悪に誘惑されることのない」聖なる方であり、「ご自分で誰を誘惑なさることとも」ない愛の方です（一・一三）。確かに神は人が試練に遭うことを許されます。神はアブラハムの信仰やヨブの誠実さを試されました。その試練を誘惑にしてしまうのは、ほかでもない私たちなのです。誘惑とは、良いことを成し遂げる機会を、神のみこころに反して悪い方法でやってしまうことです。

たとえば、現在学生にとって大学入試はたいへんな重荷ですが、大学に行きたければこれを突破しなければなりません。これは良いことです。しかし、カンニングで準備不足を補うというのは、入試を突破するという良い機会を、カンニングという悪い方法で成し遂げようとする誘惑です。このような場合、決して「神によって誘惑された」（一・一三）と言ってはならないのです。

罪の根拠は何でしょうか。一四、一五節に、「欲」「罪」「死」という連鎖的表現が出てきます。このように聖書は、罪を単に一つの行為として見るのではなく、誘惑の源が「欲」にあり、その欲望を増長させ、助長するならそれは行動となり、その結果出てくるのが「罪」であるといいます。さらに罪が「死」を生む。ちょうど魚が安全な場所から出て、えさに引き寄せられ、やがてえさに食いつくが、その中には死の針があるので死に至るのと同じです。

「欲がはらむと罪を生み、罪が熟すると死を生みます」は、罪が死をふ化したということです。子どもの生命は誕生の時に宿るのではなく、すでに胎内にある時から内在しているように、罪は目に見える特定の行動となった時に始まるのではなく、貪欲（マタイ五・二八参照）が罪を生むことになるのです。罪に生きる人間は、人間以下のものとなり、動物の水準にまで低下してしまいます。罪は必ず死をふ化するのです。

神は決してこうした罪の創造者でも、罪の誘惑者でもありません。罪に対して私たちは個人的に責任を負わなければなりません。神は聖なるお方なので、罪を厳しく裁かれるということを忘れてはなりません。「わたしが聖であるから、あなたがたも、聖でなければならない」（Iペテロ一・一六）。神の要求は絶対です。この神のさばきを熟考することによって、内的誘惑に打ち勝たなければならないのです。

しかし人間の現実は、この神の至上命令に対して完全な破産状態であり、人間の側からの解決法はありません。「私は、ほんとうにみじめな人間です。だれがこの死の、からだから、私を救い出してくれるのでしょうか。私たちの主イエス・キリストのゆえに、ただ神に感謝します」(ローマ七・二四～二五)。

神は見事に解決してくださいました。そこに神の完全な賜物があります。

(二) 神の賜物を熟考せよ(一・一七)

神の賜物は、贈る動機において不純なものはなく完全です。たとえそれが試練であっても、その終わりは「成就したキリスト者」という人格的完成であり、いのちの冠を受けるのです(IIコリント一二・一～一〇参照)。完全な賜物中の賜物は、主イエス・キリストです。
「ひとりのみどりごが、私たちのために生まれる。ひとりの男の子が、私たちに与えられる」(イザヤ九・六)
ヤコブはここで神の不変性を強調しています。神は天の光、すなわち太陽と月と星の創造者であり、もろもろの光は変化し、変容するが、それらを造られた方は決して「移り変わりや、移り行く影はありません」(一・一七)
私たちの上に困難や誘惑が迫ってきても、決して神の愛と真実を疑ってはならないのです。もしダビデ王が、この神の完全な賜物と祝福をいつも熟考し感謝していたなら、家来ウリヤの妻、バテ・シェバを召し入れたりはしなかったでしょう。預言者ナタンはダビデ王に言いました。「イスラエルの神、主はこう仰せられる。『わたしはあなたに油をそそいで、イスラエルの王とし、サウルの手からあなたを救い出した。さらに、あなたの主人の家を与え、あなたの主人の妻たちをあなたのふところに渡し、イスラエルとユダの家も与えた。それでも少ないというのなら、わたしはあなたにもっと多くのものを増し加えたであろう』」(Ⅱサムエル一二・七～八)。この短い言葉の中で、何回も「与え」「与え」「増し加え」と言われていることを銘記してください。神はダビデに良き賜物を与え続けてきました。それにもかかわらず、ダビデは神の完全な賜物を忘れ、誘惑に負けたのです。
「神は、あなたがたを、常にすべてのことに満ち足りて、すべての良いわざにあふれる者とするために、あらゆる恵みをあふれるばかり与えることのできる方です」(Ⅱコリント九・八)

(三) 神のみこころを熟考せよ(一・一八)

誘惑に対処できる確信を主張して、ヤコブは、「しっかり神のさばきを見通せ」「しいかり神の賜物を見つめよ」と言い、ここでは「しっかり神のみこころを見極めよ」と言います。「神は私たちを世界の基の置かれる前から彼にあって選び、御前で聖く、傷のない者にしようとされました。神は、みむねとみこころのままに、私たちをイエス・キリストによってご自分の子にしようと、愛をもってあらかじめ定めておられました」(エペソ一・四~五)。この神のみこころは「真理のことば」、すなわちイエス・キリストにある「救いの福音」(エペソ一・一三、コロサイ一・五)によってなされます。つまり新生の恵みです。私たちの悟りや難行苦行によるのではありません。何というすばらしい聖なる恵み深いみこころでしょうか。「この人々は、血によってでなく、肉の欲求や人の意欲によってでもなく、ただ、神によって生まれたのである」(ヨハネ一・一三)。「今はこの同じ良い知らせが、世界中に行き渡り、至る所で人々の人生が変えられています」(コロサイ一・六)。そしてこの新生は、「被造物の初穂」(ヤコブ一・一八)として神の家族、神の所有に私たちを入れるためなのです。

古代世界では、初穂は神にささげるのが決まりでした。それは神への感謝に満ちた供え物としてささげられていました。それらは神のものだったからです。私たちが福音の真実な言葉によって新生するならば、私たちキリスト者は神のものになるのです。私たちは生まれつきのままでは誘惑に打ち勝つことは不可能ですが、新しく生まれ変わって神のものとなる時、それが可能になるのです。

あの足を折られた羊が、完全な変化を遂げて羊の群れの模範となったように、成熟したキリスト者は「神の作品」（エペソ二・一〇）となって、キリスト・イエスにあって造られた者として、内的誘惑にも打ち勝つことができるのです。

四　成熟したキリスト者の養い

（一・一九〜二七）

「人生はダイヤモンドではなく、成長の無限の可能性を秘めた種子である」と言った人がいます。

ヤコブは新しく生かされた愛する兄弟たちが、十分神の言葉に養われ、「自分を欺く」（一・二二、二六）ことなく、「みことばを実行する人」（一・二二）になり、祝福された者となるようにと言っています。ヤコブは神の言葉に対して三つの責任があることを述べ、私たちが忠実にこれを果たすならば、「父なる神の御前できよく汚れのない宗教」（一・二七）に生きる成熟したキリスト者であり得ると言います。

（二）神の言葉を受け入れること（一・一九〜二一）

ユダヤ教の教師の言葉に次のようなものがあります。「学者気質には四つの型がある。聞くに遅く、忘れるのに早い型。この型は、長所と短所が五分五分で、互いに打ち消し合い、結局何も残らない。聞くに遅く忘れるに遅い型。この型の短所は、長所によって補うことができる。聞くに早く忘れるに遅い型。この気質を持つ人は、知者である。聞くに遅く忘れるに早い型。これは手に負えない型である」

ヤコブは「心に植えつけられたみことば」（一・二一）と言っています。イエスの種蒔きのたとえ（マタイ一三・一〜九）を借りれば、種とは神の言葉であり、土地は人間の心です。この例話の中で、イエスは四種類の人間の心を描写しています。みことばを聞いても悟らず、受け入れられない道端の心。みことばを聞いてすぐに喜んで受け入れるが、深みがなく、すぐつまずく岩地の心。みことばを聞くが、この世の心づかいと富の惑わしにふさがれて結実しない茨の心。そしてみことばを聞いて悟り、結実させる良い地の心のことです。そのためにイエスは、「聞いていることによく注意しなさい」（マルコ四・二四）、また「聞き方に注意しなさい」（ルカ八・一八）と警告されたのです。

ヤコブの言うみことばの受け入れ方は、「聞くには早く」（一・一九）です。すなわち信仰を持って聞くことです（ローマ一〇・一七）。「語るにはおそく」は、何事も神に背いて語ることのないためであり、「怒るにはおそい」は、神に対してしびれを切らすのを遅くすることであり、また隣人に対して腹を立てるのを遅くすることです。もちろん、罪に対する聖なる怒りは必要です（エペソ四・二六）。しかし、短気で自己中心的な人の怒り（一・二〇）は、神が生み出そうとしておられる「成長を遂げた、完全な者」（同一・四）、また神に喜ばれることから遠く、かえって神の義を妨害することになるのです（同一・二〇）。「みことばを、すなおに受け入れる良い地の心」とは、まず自分の罪を言いあらわして神に赦しを願い（Ⅰヨハネ一・九）、「生まれたばかりの乳飲み子のように」（Ⅰペテロ二・二）、心をもって、行動をもってみことばを受け入れることです。「みことば」（福音）は、大いなる力をもって私たちを新生させ、聖潔の生活をまっとうさせるのです。

（二）神のみことばを実行すること（一・二二〜二五）

二一節では、みことばは種にたとえられていましたが、ここでは鏡にたとえられています。みことばを鏡として教えている他の二カ所（Ⅱコリント三・一八、出エジプト三八・八）と併せて、神の言葉の実行者となるためには大切なことが教えられています。

まず、自分の生まれつきの顔を鏡で見るように、自分の心の姿を、神のことばによって最も正確に呈示していただくことです。

古代の鏡は高度に磨き上げられた青銅でできており、洗いきよめのための洗盤は鏡から作られました（出エジプト三八・八）。鏡のように神のみことばは私たちの罪を示して赦し、すべての不義からきよめてくれます（Ⅰヨハネ一・九）。また鏡が主の栄光を反映させるように（Ⅱコリント三・一八）、私たちを変えてくれるのです。すなわちみことばによって罪人としての自分を示され、十字架に死んでよみがえられたキリストによってその罪を赦され、完全に真の自由を与えられて、神のみこころをすべて受け入れ、聖霊によって内在してくださるキリストによって内からみことばを実行する者となり、キリストの似姿として生かされるという、福音の生涯が教えられているのです。このような祝福された神の言葉の実行者は、決して自分を欺いて聞くだけの者ではなく、忘れるものでもなく、中途半端な者でもありません。

「神のみこころは何か、すなわち、何が良いことで、神に受け入れられ、完全であるのかをわきまえ知る」（ローマ一二・二）者となり、神の言葉のとおりに生きる者となるのです。

（三）神の言葉を共有すること（一・二六〜二七）

キリストは、神に対する人間の関係として、私たちが神を愛し、信頼し、服従すべきことを教えられました。人間関係としては、謙遜と仕える心を常に持ちなさいと教えられました。つまり、互いに愛し、赦し、すべての人に愛を施すことを実行して愛に生きなさいということです。

預言者イザヤは、まず神を見、次に自分を見て、自分が仕えるべきこの世の人びとの必要を見ました（イザヤ六・一〜八）。

「自分の舌にくつわをかけ」るとは（一・二六）、まごころの伴った言葉を用いることです。「この世から自分をきよく守る」（一・二七）とは、肉体的にはこの世に生きているが、霊的には、神を否定するこの世のものではなく、（聖なる神の要求に応えて）この世の汚れに染まらずに身をきよく保って生きることです。苦しんで困っている孤児や、人々から顧みられない人々を助け、世話をする。ここに神の言葉の共有があるのです。

五　成熟したキリスト者の兄弟愛の実践（一二・一一〜一三）

一九七四年の暮も押し詰った十二月二六日、元日本陸軍一等兵中村輝夫氏が、インドネシアのモロタイ島で発見されたという大ニュースが伝えられました。インドネシア捜索隊隊長スパルディ中尉は、優秀な人物でした。彼は公式に発表される一週間前に中村氏を発見して、モロタイ島にある自宅に連れ帰りました。そして夫人と日本人の通訳を交え、中村氏を刺激しないように、日本は三十年前に敗戦していたこと、今は誰も危害を加える者はいないことを根気強く説明し、「あなたは自分の望むところへ行くことができる。日本でも、出身地の台湾でも、インドネシアに残ることも、いずれの道も選ぶことができる」と説明しました。しかし、中村氏は緊張を解きませんでした。「どこに行きたいか」というスパディ中尉の問いかけに、「もう一度ジャングルに帰りたい」と答えるのでした。

そんな氏の緊張を解いたのは、一歳半になるスパルディ中尉の一人娘でした。彼女は恐れもなく中村氏のひざにすがり付き、にっこりと笑いました。それで思わず氏も声をあげて笑ったのです。そこに文化や言語、習慣、風俗を越えた温かさが自然に生まれました。中尉はそれから一週間にわたって中村氏と体操をしたり自転車に乗せたり、インドネシアの歌を教えたりして過ごし、二十六日後に中村氏の生存を日本側に告げました。こうして中村氏は無事に帰国できたのです。

神の言葉に十分養われた成熟したキリスト者は、人を偏見の目で見てはなりません。偏見は不当な分け隔てです。その人が金持ちだとか、影響力がある、権力家、有名人だという理由で、屈従したり手助けしたり、特別な注意を払うのは偏見であり、聖書は偏見を非難しています。

ヤコブは、成熟したキリスト者の兄弟愛の実践のための不可欠な基本を教えています。

（一）栄光の主を信じることから生まれる兄弟愛の実践（二・一〜四）

「私の兄弟たち」という呼びかけによって示されているキリスト者の平等性が、これからの勧めの基をなしています。一節は直訳すると、「人を偏り見る信仰を持つな」となります。一章の主題は、キリスト者は試練に遭っても忍耐できるということ、二章は、キリスト者が真理を実践するということです。信仰の対象として、「私たちの栄光の主イエス・キリスト」と言われていますが、これは珍しい句です（ルカ二・三二、エペソ一・一七、Ⅰペテロ四・一四、イザヤ四〇・五参照）。栄光とはキリスト御自身のことです。旧約聖書の時代、神の栄光は幕屋に宿り（出エジプト四〇・三四～三八）、イエスがこの地に来られた時、神の栄光は彼に宿っていました（ヨハネ一・一四）。今日、神の栄光は成熟したキリスト者一人ひとりに宿っており（Ⅰコリント六・一九～二〇）、まことの教会に宿っているのです（エペソ二・二一～二二）。この栄光の主イエス・キリストを信仰の目をもって仰いでいるならば、人の栄光や、物質、富の栄光は色あせてしまいます。それゆえ着物の良し悪し、指輪の有無、金持ちであるなしなどによって人に高下をつけてはならないのです（二・一～一三）。

初代教会には社会的な問題があったに違いありません。しかし、古代世界において教会は、社会的差別のない唯一の場所でした。人が栄光の主の前に集い、その卓越した聖性の前に出る時、格付けや身分、名声も、人間の功績や価値も何らの区別もありません。にもかかわらず「自分たちの間で差別を設け」るならば（二・四）、その人は神の前に本物になり得ていない二心の者であり、栄光のキリストを信じる者の交わりを破る罪を問われることになります。私たちはいつでも、人をキリストの目とキリストの心、キリストの行動を基にして判断し、受け入れるべきです。

（二）神の選びの恵みからくる兄弟愛の実践（二・五～七）

アブラハム・リンカーンは、「神はこんなにたくさん普通の人を造られたのだから、普通の人を愛しているに違いない」と言っています。キリスト教は貧しい人々に絶えず特別なメッセージをもたらしてきました。ナザレの会堂における最初の説教で、キリストは「わたしの上に主の御霊がおられる。主が、貧しい人々に福音を伝えるようにと、わたしに油をそそがれたのだから。……主の恵みの年を告げ知らせるために」（ルカ四・一八～一九）と主張されました。山上の説教の第一の祝福は実に、「心の貧しい者は幸いです。天の御国はその人たちのものだから」です（マタイ五・三）という約束でした。パウロはコリント人たちに、「兄弟たち、あなたがたの召しのことを考えてごらんなさい。この世の知者は多くはなく、……身分の高い者も多くはありません。しかし神は、……この世の愚かな者を選び、……この世の弱い者を選ばれたのです」（Ⅰコリント一・二六～二七）と書いています。選びは神の恵みです。神は、この世が無価値と見なした人に祝福をもって召し、神の御国の相続者としたのです（エペソ一・四～七、二・八～一〇）。

ヤコブが生きていた社会ではどんな事件が起こっても、富んでいる人が貧しい人を抑圧しました。貸し主が街頭で負債者に会った場合、負債者の襟首をつかまえて、息の根を止めんばかりにして文字どおり法廷に引きずり出したのです。それが富んでいる者の、貧しい者に対する仕打ちでした。そこでヤコブは言います。「よく聞きなさい。……神は、この世の貧しい人たちを選んで信仰に富む者とし、……御国を相続する者とされた」「それなのに、あなたがたは貧しい人を軽蔑したのです」（二・五～六）。神の選びの恵みとそのみわざを体験している成熟したキリスト者は、「その名で呼ばれている尊い御名」（二・七）、すなわちキリストのもの（キリスト者）であるという、深い謙虚な認識に立つべきです。

（三）神の最高の律法からくる兄弟愛の実践（二・八〜一一）

ヤコブは、旧約聖書の中から神の律法を一つ持ち出しています。「あなたの隣人をあなた自身のように愛せよ」（二・八、レビ一九・一八参照）。イエスはよきサマリヤ人のたとえの中で、隣人とは私たちの助けを必要としている人のことであると教えています（ルカ一〇・二五〜三七）。これは最高の律法とも王の律法とも呼ばれています。なぜなら、神ご自身が与え、神の御子キリストが再び弟子たちに与え（ヨハネ一三・三四）、聖霊によって注がれた神の愛で私たちが満たされ（ローマ五・五）、互いに愛し合うことが教えられているからです（Ⅰテサロニケ四・九）。またルターが「愛は女王である」と言っているように、この神の最高の律法に生きる兄弟愛の実践者こそ、王となり女王とされるのです。憎悪は人を奴隷とし、愛は自由を与えて王者とします。キリスト者は神に属する王なる祭司です（黙示録一・六）。

この神の尊い律法を信仰によって真に受け入れて生きるならば、民族的、社会的差別はなくなり、すべての人を神の御計画の中で受け入れることができるようになります。そこには人間的功績や社会的身分による差別はありません。すべての人を同じように愛さないならば、歩むべく定められた道を踏みはずすことになるのです（二・九）。

神の律法についての偉大な原則は、律法のどの部分を犯しても、その人は律法の造反者となるということです。律法は全体が神の意志ですから、そのうち一つでも犯すならば、神の意志に反することになります。他の面でどんなによかったとしても、たった一つ、兄弟を偏り見るならば、神の意志を破ったことになり、罪を犯した人となるのです。

ここには偉大な真理があります。それは適切で実践的なものです。私たちが多くの良いことをし、多くの悪いことに抵抗したと自己弁護しても、いっさいの良いところを無にしてしまうものが私たちの内にはあるのです。

（四）神のさばきからくる兄弟愛の実践（二・一二〜一三）

使徒信条の終わりには、キリストの再臨と最後の審判が告白されています。キリスト者はその時、自分の罪のために裁かれることはありません（ヨハネ五・二四、ローマ八・

一）。しかし私たちのわざに従って論功行賞を与えると言われています（ローマ一四・一〇〜一八、Ⅱコリント五・九〜一〇）。成熟したキリスト者の兄弟愛の実践のまとめとして、ヤコブはキリスト者生活を勝ち誇らせる積極的二方面を想起させています。

キリスト者は自由の律法の下で生活しています。そして自由の律法によって裁かれるのです。当時の宗教者と違って、キリスト者は、他律的に課せられている規則や規律の全体系の対面的圧力によって生活が支配されているようなことはありません。事実、彼は愛という内的な強制力によって治められています。恐怖に満ちた刑罰におののくからするのでなく、キリスト者の内にあるキリストの愛が、彼にそうさせるよう望ませ、また実際の歩みをさせてくださるのです（二・一二）。

さらにキリスト者は、あわれみを得るのは自らあわれみを示す者だけであるということを知っています。イエスは山上の説教の中で「あわれみ深い者は幸いです。その人はあわれみを受けるから」です（マタイ五・七）と語り、また人を許さない者は、神に赦されることもないと語っておられます（マタイ六・一五）。主のあわれみのゆえに今日生かされていることを深く自覚しているキリスト者は、自分もあわれみに生きようとするでしょう。しかし、これほどあわれみに生かされていながら、あわれみを示したことのない者には、あわれみのない裁きが下されるのです（二・一三、マタイ一八・二一〜三五参照）。

六　成熟したキリスト者の力ある信仰

（二・一四〜一六）

次のような話を聞いたことがあります。あるみすぼらしい服装の老紳士が、毎日昼の十二時になると教会にやってきては、ほんの数分会堂にいたかと思うと、すぐ出ていってしまう。管理人は、大切な備品がなくなりはしないかと心配して見守っていましたが、何もなくなりはしませんでした。

ある日、管理人はその老紳士に声をかけました。

「あなたは、毎日ここへ何をしに来ているのですか」

すると、老紳士はていねいに答えました。

「祈りに来ております」

「でも、祈るためにしてはちょっと短くありませんか」

「私には十分なのです。毎日、私はここにきて『イエス様。ジムでございます』と言い、お話ししてからすぐ帰るんですよ」

それからしばらくして、ジムと名乗ったその老紳士は交通事故に遭い、足を骨折して入院しました。その病院は、ジムにとって実に居心地のよいところでしたが、そこで働く看護師たちにとってはまったくやっかいなところでした。というのは、入院中の男たちは怒りっぽく、不平ばかり言っていたからです。

ところが不思議なことにジムが入院してからというもの、男たちは実に楽しく愉快そうにしているのです。看護師が病室に近づいていくと、入院患者たちの笑い声が聞こえてきたので、彼女は尋ねてみました。

「あなたたち、いったいどうしたの。最近ずいぶん楽しそうね」

「それはジムじいさんのおかげですよ。足は痛むし、不自由なのに、いつもうれしそうだし、決して文句を言わないからね」

看護師はジムのベッドのところへ行くと、ジムは天使のようなほほえみを浮かべて横になっていました。

「ねえ、ジム。この人たちはあなたのおかげで、この病院がこんなに変わったと言っているけど……。あなたはいつも幸せそうね」

「ええ、そうですとも、看護師さん。私は幸せで仕方がないんです。それは、私の訪問者のおかげですよ」

「訪問者ですって？」

看護師は驚きました。というのは、今まで誰もジムを見舞いに来る者はいなかったのです。面会時間、ジムのベッドのわきにある椅子だけは、いつも空いていました。

「いつ、どなたがあなたを訪ねてくるの？」

ジムは目を輝かせながら答えました。

「毎日ね、十二時になるとその方はここに来て、ベッドのそばに立ってくださるのです。そして、その方は私を見つめてこうおっしゃるのです。『ジム。イエスだよ』ってね」

信仰が生きた生活となってまっとうされ、アブラハムが、その信仰を義と認められて神の友と呼ばれたように、イエスはこの老紳士の友となってくださったのです（二・二三）。

確かに、信仰はキリスト者生活のカギとなる教えです。罪人は信仰によって救われます（エペソ二・八〜九）。信仰がなくては神に喜ばれることはできません（ヘブル一一・六）。信仰から出ていないことは、みな罪です（ローマ一四・二三）。

ヤコブは成熟したキリスト者の生きた、力ある信仰と行いについて教えています。信仰か行いか、どちらかというのではありません。本当のキリスト者の信仰生活には、信仰も行いもあるはずなのです。冷たく、知的なだけ、口先だけの信仰は、生きた、体験的な、神とともに生活する信仰から見れば、悲しいことに、偽善的キリスト者をばらまくだけに終えるのです。

（一）死んだ信仰（二・一四～一七）

「私の兄弟たち」とヤコブは、大切な主題に入る前に愛をこめて呼びかけています（一・二、二・一～一四）。

イエスは警告されました。「わたしに向かって、『主よ、主よ』と言う者がみな天の御国に入るのではなく、天におられるわたしの父のみこころを行う者が入るのです」（マタイ七・二一）。

「多くの人々が、イエスの行われたしるしを見て、御名を信じた。しかし、イエスは、ご自身を彼らにお任せにならなかった。なぜなら、イエスはすべての人を知っておられたからであ」る（ヨハネ二・二三～二四）とも記されています。イエスがご自身をお任せにならないようなな信じ方というものがあり、しかも多くの人々がそのような信じ方しかしていないのは明白です。神に対する関係が確かであるなら、人々は悔い改めにふさわしい実を結ぶはずです（マタイ三・八、ルカ三・八）。そして人はその実によって知られるということ（マタイ七・一五〜二一）も確かであり、聖書が普遍的に強調されている点です。

パウロもこの強調点を見逃していません。教理的な手紙においても、神学的な手紙においても、必ず、キリスト教を行為という形で示している倫理的な部分で終わっています。「神は、ひとりひとりに、その人の行いに従って報いをお与えになります」（ローマ二・六）。「私たちは、おのおの自分のことを神の御前に申し開きすることになります」（ローマ一四・一二）。「夜はふけて、昼が近づきました。ですから、私たちは、やみのわざを打ち捨てて、光の武具を着けようではありませんか」（ローマ一三・一二）。パウロが救いの恵みと信仰を強調したことは事実です（ローマ三・二八、ガラテヤ二・一六）。

しかし同時に、パウロが行為にも重要性を与えているという点を見逃してはなりません。ここでヤコブは、行為とわざに主要な強調点を置いてはいますが、パウロ主義を非難しているのではなく、パウロ主義の曲解を非難したのです。

「だれかが自分には信仰があると言っても」（二・一四）とヤコブは指摘します。「私には信仰がある」と言うことは誰でもできます。しかし、その信仰が知性のみでなく、生活と行動のあらゆる部分において、神の喜ばれるみこころによって方向づけられ、導入されているかどうかが大切です。パウロの主張した信仰も、生活のあらゆる部分と場所に導入され、それによって生きる信仰を言っているのです。このパウロ主義を曲解し、信じるという言葉を骨抜きにすることはたやすいでしょう。しかしそれは本当のパウロ主義ではなく、誤解、曲解です。それをヤコブは厳しく非難しているのです。この非難に対しては、パウロもまったく同意したことでしょう。ヤコブは一五、一六節で生き生きとした例を挙げて説明しています。

友人が衣服も食物もなく困っている時、ただ同情の言葉をかけるだけで、何の協力もしないのなら、いったい何の役に立つでしょうか。「それと同じように、信仰も、もし行いがなかったなら、それだけでは、死んだものです」(二・一七)。口先だけの信仰は、もはや信仰とは言えない代物なのです。

（二）悪霊どもの信仰（二・一八〜一九）

悪霊が信仰を持っていると聞いて、多くの人々は驚くことでしょう。では何を信じているのでしょうか。悪霊どもは確かに神の存在を信じており、無神論者ではありません。また、キリストが神の子であることも（マルコ三・一一〜一二参照）、刑罰の場所があることも信じており（ルカ八・三一）、キリストが裁き主であることも承知しています（マルコ五・一〜一三）。そして悪霊どもはそう信じて、身震いしているのです。

信じて身震いしても、救いの体験ではありません。真の信仰は、「その人は新しく造られた者です。古いものは過ぎ去って、見よ、すべてが新しくなりました」（Ⅱコリント五・一七）とあるように、全人格的、全生涯的にキリストを受け入れて生きることなのです。「あなたは信仰を持っているが……行いのないあなたの信仰を、私に見せてください」（二・一八）。死んだ信仰にはいのちがないのだから、見せようにも見せられないのです。

この悪霊的な信仰は、偽善の信仰であり、刑罰の恐れを伴います。真の信仰の恐れは、神を恐れる謙虚さです。この謙虚のあるところに、悔い改めと服従は当然伴うのです。ヤコブは確信を持って、「私は、行いによって、私の信仰をあなたに見せてあげます」と言い切っています。

(三) まっとうされる信仰 (二・二〇~二六)

信仰と行いを分離しようとし、一方がなくても他方があると言って反対する者たちに向かって、ヤコブは、信仰と行いとは不可分のものであることを論証します。よく知られている旧約聖書中の人物を挙げて、彼らの信仰が行いによって実証されたことを思い起こさせるのです。

二一節から出てくるアブラハムは、信仰の偉大な模範として仰がれていました。彼の信仰は、一人息子をささげるようにという行いを要求した神の言葉に忠実に従ったことにより、実証されました。アブラハムが最初に義とされたのは創世記一五章六節の時点で、まだイシュマエルもイサクも生まれていなかった時です。人間的に考えてみれば、アブラハムの子孫は浜辺の砂のように多くなるという神の約束には、実現の可能性がまったく認められない時でした。それにもかかわらず、アブラハムは神の約束を信じたのです。ローマ四章三節やガラテヤ三章六節でパウロが言っている「アブラハムは神を信じた。それが彼の義とみなされた」という言葉は、この時のことです。

ヤコブが「行いによって義と認められた」（二・二一）と言ったのは、創世記二二章九〜一〇節の時点を指しています。最初アブラハムが信じて義と見なされてから三十年後、アブラハムのその信仰は、イサクをささげるという神へのまったき服従によってまっとうされました。まっとうされる信仰は、神の約束のみことばを土台とし（一・一八）、みことばを受け入れ（一・二一）、さらに全人格的、意思的に神の中に入り込んで、捨て身となって神に信頼する信仰である。彼の信仰は最初に義とされた時から有効に働き続け、自分の子、約束の子イサクをささげるというまったき服従の行動にまで具現されたのです。

パウロが言う、信仰によって義とされることとは、原理的であり、キリストの義を土台として神に受け入れられることを意味しています。ヤコブの、行いによって義とされることは、実践的であり、キリストにあらゆるきよめの生活を意味しているのです。ヤコブの言う「行い」とは、パウロの言う「信仰」が生きて働く信仰のことなのです。この信仰と行いは、アブラハムが神を体験した両面であって、それによって彼は「神の友」と呼ばれたのです。

もう一人、アブラハムと対照的な人物にラハブ（ヨシュア二・一～二一）が挙げられます。アブラハムはユダヤ人でしたが、ラハブは異邦人で神を知らない者でした。アブラハムは神を敬う者、神の友でしたが、ラハブは罪深い遊女で、神に敵対する者の中に生きていました。この対称的な二人に共通していたのは、「行いによってまっとうされた信仰」であり、その信仰によりアブラハムもラハブも、神の救いに生きたのです。

結論としてヤコブは、よく知られた魂と体の関係を用いて、信仰と行いとの関係を明らかにしています。「たましいを離れたからだが、死んだものであるのと同様に、行いのない信仰は、死んでいるのです」（二・二六）

キリスト者である私たちは、自分の信仰と生活を省み、吟味して、真のまっとうされる信仰、救いの信仰を持って生きているかどうか、改めて調べてみる必要があるのではないでしょうか。「あなたがたは、信仰に立っているかどうか、自分自身をためし、また吟味しなさい」（Ⅱコリント一三・五）

七　成熟したキリスト者の舌の制御（三・一〜一二）

しばらく前のことになりますが、「米国議会記録」には次のような事実が記されました。それは小さな歌の声が、暗黒を輝かしい栄光へと変えた話です。

第二次世界大戦の際、一人で数人の日本人兵士を捕虜にして勲章をもらった十九歳のアメリカ兵が語った言葉です。

「私は、この勲章をいただく価値のない者です。実は、私は五人の戦友と共に日本軍に捕らえられました。私たちは背中に銃剣を突き付けられてジャングルの中を行進しました。そして戦友たちが一人また一人と殺されていくのを見せられました。私はその時、聖書の中から詩篇二三篇や、主の祈りを唱えました。きっと私も殺されるだろうと覚悟はしていましたが、自分の恐れを敵に悟られたくないと思い、聖歌を口ずさみ始めました。少年の頃、暗い道を通る時にそうしたようにです。

主の前にて今われらは
感謝しまつる神のみわざ
主はこの民捨てたまわず
あたびとより救いませり
主はわれらのそば近くに
日々いまし夜もいねず
攻めきたれる敵退け
立ち上がるをとどめませり
（聖歌三五八番）

突然、誰かが私といっしょに歌い始めました。私をとらえた日本人の兵士でした。彼もその聖歌を口ずさんでいるではありませんか、すぐに銃剣が背中から離れるのを感じました。彼は見事な英語で『キリスト教賛美歌の力強さを忘れることはできません』と話しかけてきました。二、三分話しているうちに、その日本人の兵士は、日曜学校の頃、私が献金を送ったミッションスクールで英語を学んだことを知りました。彼は日本のキリスト者たちが戦争を憎んでいると話してくれました。キリスト教の力ということでは、私たちの考え方は同じでした。そして信じている者らしく生きられたら、というようなことを話しました。

それからお互いに自分の家庭や家族のことを話しました。そのうえ、ついにその日本兵の勧めで、私たちは泥の中にひざまずいて、まことの平和は与えられるように祈ったのです。祈り終えて立ち上がった時、彼は『私を捕虜にして、アメリカ軍の司令部へ連れて行ってくれないか』と頼みました。自分がキリスト教に忠実に生き、日本がキリスト教国になるために努めるためには、そうするよりほかに道がないと彼は言うのです。そして途中で、穴に隠れていたほかの日本人キリスト者の兵士を見つけ、いっしょに来たのです。そのキリスト者の友が、どのようにしてアメリカ軍のところへ連れて行こうとしているかを話すと、彼らの顔にも希望と喜びがよみがえってきました。その時の彼らの顔を忘れることはできません。

アメリカ軍のキャンプに近付くと、前もって打ち合わせておいたように、私が銃剣を持って彼らをキャンプに追い立てていったのです。お分かりいただけたように、それは私の人生で最もすばらしい経験でしたが、この勲章を受けるにふさわしいことなど何もしなかったのです。ただ主のみことばと主の祈りと主の賛美歌を口ずさんだだけでした」

一章においてヤコブは、試練の中で勝ち抜く忍耐を備えた成熟したキリスト者の姿を記し、二章において、心理を実践する成熟したキリスト者を神との関係から記し、三章においては舌を制御できる成熟したキリスト者を、自分自身との関係から記しています。ここでも、舌と頭だけの教師とはなるな、実物であれ、と呼びかけているのです。

ヤコブは舌について、二つずつを一組にして、三つのことを述べています。

(一) 指令する力――くつわとかじ(三・一～四)

馬も船も、くつわやかじに比べるならばはるかに大きい物です。しかもその大きな馬も船も、小さなくつわやかじで引き回され(三・三)、持ち主の思いどおりの所へ持っていかれる(三・四)のです。私は当時神戸市に住んでいましたが、ポートアイランドにコンテナ専用の港があり、何万トンという大きな船が毎日出入りしているのを見ました。大型ドックで、巨大な客船を見ましたが、その後部に付いているかじは船体に比べてまことに小さい物でした。この小さなかじを操って、船長は巨船を自由に操縦するのです。

舌が制御できるということは、成熟したキリスト者のしるしです。教師になろうとする者はそういう人でなければなりません。しかし悲しいことに現実には、教師だけでなく、私たちはみんな「多くの点で失敗をするものです」(三・二)。パウロは「すべての人が罪の下にある」と言い、「彼らのくちびるの下には、まむしの毒があり」「彼らの口は、のろいと苦さで満ちている」という詩篇を引用しています(ローマ三・九、一三、一四)。それに対してヤコブは、「もし、ことばで失敗しない人がいたら、その人は……完全な人です」(三・二)と言う。心と魂とが、キリストにまったく服しているなら、出てくる言葉は平和で、慰めの言葉です。

イエスはサマリヤの女に井戸端で語られ、それによって彼女は変わり、さらに彼女を通してサマリヤの町全体が変わったのです(ヨハネ四章)。ペテロは聖霊降臨日に説教して、三千人の人々がキリストを信じて救われ、仲間に加わったのです(使徒二章)。

旧約聖書の箴言の中には、舌について多くのことが記されています。「柔らかな答えは憤りを静める。しかし激しいことばは怒りを引き起こす」(箴言一五・一)。「偽りのくちびるは主に忌みきらわれる。真実を行う者は主に喜ばれる」（箴言一二・二二）。確かに舌は指令する力です。善用すべきです。

（二）破壊する力と――火と毒（三・五～八）

舌が引き起こす損害は、山火事が引き起こす損害のようなものです。不注意な人が何げなく捨てたタバコの吸殻が、大森林を焼き払い大損害を与えるのです。聞いた人はその噂を他の人に伝え、その人がまた他の人に伝えます。このようにして、人の名誉や信用が損なわれてしまうことがあります。

「人生の車輪を焼き」（三・六）とは、人生全体、全人格を汚してしまうということです。舌は誰も制御できないものです（三・八）。人間は器用で、あらゆる動物を飼いならし、自由に動かすことができますが、舌を制することはできません。憎しみを込めた言葉については、その害悪、危険は計り知られないほどのものです。

（三）歓喜する力——泉と木（三・九〜一二）

水は命を与えるものです。人間が飲むだけでなく、洗濯に、料理に、農業にと、生活上欠かせないものです。「人の口のことばは深い水のようだ。知恵の泉はわいて流れる川のようだ」（箴言一八・四）。「正しい者の口はいのちの泉」（箴言一〇・一一）。これらの聖書のことばは、ヤコブの言葉を裏付けしています。しかし水があふれると洪水となり、大きな損害を与えることになります。舌は制御されて用いられる時、木のように喚起する力となります。木は自然界を美しく飾り、空気を浄化し、木陰をつくり、実を結びます。私たちの言葉も人々の慰め、励ましとなり、養い、生命となるのです。そのためには、私たちは自ら主の内に深く根差し、「水路のそばに植わった木のようだ。時が来ると実がなり、その葉は枯れない。その人は、何をしても栄える」（詩篇一・三）という、主との親しい交わりに生きていなければなりません。

ヤコブは警告します。「泉が甘い水と苦い水を同じ穴からわき上がらせるというようなことがあるでしょうか」（三・一一）。「いちじくの木がオリーブの実をならせたり、ぶどうの木がいちじくの実をならせたりするようなことは、できることでしょうか」（三・一二）。そのようなことはできないのです。私たちは泉がいつもきれいな水を出すように、木が一種類の実を結ばせるように、「心の霊において新しくされ、真理に基づく義と聖をもって神にかたどり造り出された、新しい人を身に着るべき」です（エペソ四・二三〜二四）。主の御旨のままに、聖霊によって生きる時、これは十分可能になるのです。

八　成熟したキリスト者の知恵（三・一三〜一八）

ニュートンのリンゴの話はあまりにも有名な話です。しかしリンゴの実が落ちたということから引力を思い付いたそのことだけが、ニュートンの名を偉大なものにしているに違いありません。ニュートンが中学時代の話です。

ある日彼は、水車を利用した粉ひきの機械を組み立て、学校で実験してみせ、生徒仲間に拝ませてやろうと考えました。実験は見事に成功しました。小川の水は水車を回し、歯車と歯車はうまくかみ合って、臼の中の粉がひけました。ニュートンは鼻高々でした。ところが日頃ニュートンと絶えず肩を並べて競争していた少年が、悔しかったのか、「じゃあ聞くが、この水車の力がなぜ粉をひくことができるのか、説明してくれたまえ」と言ったのです。ニュートンはぐっと詰まってしまいました。「ただ作るだけなら、君、大工と同じようなものだ！」――普段ニュートンを快く思っていなかった少年たちは、「そうだ、そうだ」とはやし立てました。「これは、僕が誰にも教わらずに作ったんだぞ」。ニュートンは抗弁しました。ところが、「説明できないのか！」「それじゃ、君は器用というだけだな」と言うなり、腕っぷしの強そうな少年がニュートンの横腹をけりつけたので、ニュートンは倒れてしまい、すぐには起き上がることもできませんでした。

しかし、それ以来ニュートンは変わりました。理論と実際が互いに裏付け合ってこそ、新しい方向が生まれ、真の知恵となることが分かったのです。「もし、腹をけられていなかったら、私の一生は、ただ器用なだけでおしまいになっていたことだろう」と、名を遂げた以後のニュートンは述懐しています。

すべての人は、知恵ある賢い人に見せようと望みますが、そう見える人がすべて賢いのではありません。ヤコブはここで、真の知恵と偽りの知恵を三つの方向から対照しています。

（一）その根源的対照（三・一五～一七前半）

真の知恵は上から、偽りは下から来ます。換言すれば、真の知恵は人間が達成したものでなく、神の賜物です。偽りの知恵は「地に属し、肉に属し、悪霊に属する」（三・一五）ものですが、真の知恵は、天的、霊的、神的です。「すべての完全な賜物は上から来る」（一・一七）とあるように、キリスト者はあらゆる必要のために、天の父を見上げているのです。国籍は天にあり（ピリピ三・二〇）、宝も天にあります（マタイ六・一九）。キリストこそ私たちの知恵であり（Ｉコリント一・三〇）、キリストを救い主として信じ受け入れる時に、私たちは真の知恵（Ｉコリント一・二〇～二二）であり、神を知らず、神を拒否します（Ｉコリント一・一八～一九）。さらに、堕落した生まれつきのままの人間は、神のきよさに逆らい、悪霊の欺きにのせられてしまうような知恵です。真の知恵は、神から来て、人を真に生かすものなのです。

（二）その実際的対照（三・一三、一四、一七後半）

真の知恵と偽りの知恵は、上と下、神と悪霊、霊と肉という根源的な対照だけでなく、その生き方や行いがまったく対照的です。偽りの知恵は、一四節にあるように、「苦いねたみ」「敵対心」「誇り」「偽り」です。偽りの知恵は人間の利己的な性質から生じて、真理を個人的に占有しようという野心が働き、狂信的、壊滅的、党派心的であり、傲慢という間違った特徴を生み出します。パウロはピリピの教会に対して、「何事でも自己中心や虚栄からすることなく、へりくだって、互いに人を自分よりもすぐれた者と思いなさい」（ピリピ二・三）と勧めています。「知恵のある」人（ヤコブ三・一三）とは教師の別名であり、「賢い人」とは学者のことです。彼らは常に人に話を聞いてもらい、自分の言葉を受け入れてもらう癖があります。それゆえ彼らにとって、謙遜になって、怒らずに議論するのは至難のことでした。しかしいかに難しいことであっても、これは絶対に必要なことなのです。

ここでヤコブは、真の知恵のわざの八つの実際的方面について述べています（三・一七）。それは、「純真」「平和」「寛容」「温順」「あわれみ」「良い実」「えこひいきがなく」「見せかけのないもの」です。第一に純真ですが、これは血や肉、悪霊に属する汚れからきよいことです、すべての偽善や野心が除外されているということです。「第一に」と言われているところに、純真が神の求められる命令であり（Iペテロ一・一六）、キリストの血に注ぎ（ヘブル一〇・二二）のゆえにまっとうされるわざであることが示されています。

自分の内に宿る悪の原理から解放されることを、願い求めてやまない霊魂の叫び（ローマ七・二一、二四、八・二）に神は応えられるのです。「平和」は、神と人間、人間と人間との正しい関係です。本当の知恵は私たちを神に近付け、人間同士をお互いに近付けるものなのです。

「寛容」は、自分にしてほしいと願うことを、他の人にも親切に配慮してあげるという能力です。「温順」は喜んで聞いて、納得し、それに賢明に応じる態度です。「あわれみと良い実」とは、たとえ自分の過失からであっても苦しみ悩んでいる人がいたら、その人に対して同情深く、実際的な助けの手を差し伸べることです。「えこひいきがなく」とは、他人を差別しないことで「見せかけのないもの」とは、偽りがなく、決して演技をしないことです。

このように、真の知恵と偽りの知恵には明白な違いがあります。特に牧師、長老、役員と言われる教会の指導者たちは、まずこれらの標準をもって深く省みる必要があるのではないでしょうか。

（三）その結果的対照（三・一六、一八）

根源は結果をも決定するものです。この世的な知恵は、世的な結果を生み出し、霊的な知恵は霊的結果を生み出すのです。

偽りの知恵は、秩序の乱れを生み出します（三・一六）。ねたみ、敵対心、秩序の乱れ、邪悪な行いなど、これでは神の働く余地はまったくあり得ません。ヤコブは四章で教会の中にある戦いや争いの問題を取り上げていますが、お互い同士が不和な雰囲気では良いものを成長させることはできないどころか、それは不毛で貧弱な土壌であって、何の報酬も生じないのです。

真の知恵は、義の実を結ばせます（三・一八）。人間のもたらす結果と神のもたらす結果とでは、比較になりません。「実」は生命の生産物であり、さらによい、豊かな刈り入れの種です。神からの知恵に生きているキリスト者は、必ず義の種を蒔きます。

神はそのように生きているキリスト者を通して、義の実を刈り入れるのです（ガラテヤ六・七、ホセア一〇・一〇・一二〜一三）。

九　成熟したキリスト者の熱望（四・一〜一二）

すべてのことを善に変える才能を持った貧しい家族についての美しい話があります。一人の金持ちの婦人がその家族を助けたいと思い、深い関心を持っていました。ところが、この家の隣りに住む人が、「あの家族はあなたをだましているのです。貧しくなどないのです」と告げ知らせたのです。「私はしばし、あの人の子どもたちが食べるおいしい物や、ぜいたくな衣食について耳にしているのですよ」

助けたいと思っていた金持ちの婦人が昼食時にその家族を訪れ、ドアの前に立つと家の中から子どもたちの声が聞こえてきました。「お母さん、今日は焼肉を食べるの？」「冷やした鶏肉ですよ」。そこで婦人が中に入ってみると、二人の女の子が座っていて、テーブルの上にはパンが二、三切れと冷えたジャガイモが二つしか載っていなかったのです。

「これだけなの？」

驚いた婦人の問いかけに女の子たちは、「ただ貧しい食べ物だけど、とてもおいしい食事のように食べているの」と答えました。

このヤコブの手紙四章の中には、神の四つの姿を見ることができます。愛の神（四・五）、与える神（四・六）、裁きの神（四・一二）、支配する神（四・一五）です。

これらの神の姿を見て生きる時、さらに豊かに恵まれて（四・六）生きることができるのではないでしょうか。

ところが現実には三つの戦いと、三つの敵があるのです。しかし、これらを同時に「恵み」に変える三つの処置法も示されているのです。キリスト者の切なる願いは、この恵みに生きることなのです。

（一）三つの戦い

第一に、お互い同士の戦い（四・一、一一、一二）。人間の歴史を見ると、戦いのあった時代より戦いのなかった時代の方が、はるかに短いことが分かります。聖書も、アブラハムとロト（創世一三章）、アブシャロムと父ダビデ（Ⅱサムエル一三～一八章）、キリストと弟子たち（ルカ九・四六～四八）の間に争いがあったことを記しています。ヤコブはこの手紙の中でも、階級闘争（二・一～九）、教会内部抗争（一・一九～二〇、三・一三～一八）など、戦いの事実を明白にしています。

第二は、自己に対する戦い（四・一後半～三）。「あなたがたのからだの中で戦う欲望が原因ではありませんか」（四・一）。自分自身の内部の戦いが、相互の戦いの原因だと言うのです。欲望の本質は自分本位、自己中心です。キケロは、「欲望から憎しみと分裂と不一致と騒乱と戦争が起こる」と書いています。

第三に、神に対する戦い（四・四～一〇）。「貞操のない人たち。世を愛することは神に敵することであることが分からないのですか」（四・四）。貞操は肉体的な姦淫ではなく、霊的な姦淫について言っているのです。

神と私たちキリスト者の関係は、夫と妻という親しい関係のようなもので、罪とは神の愛への背信であり、神の心を踏みにじることなのです。

(二) 三つの敵

何が神に対する敵対行為をさせるのでしょうか。

第一は「世」(四・四) です。世とは、神から離れているこの世のことであり、不敬虔で神を無視し、自分のやり方を通そうとすることです (ローマ八・七〜八、Ⅱテモテ四・一〇参照)。

第二は「肉」です。肉とは、肉欲のことではなく、アダムの堕罪以来人間の中に生まれつきある「罪を犯す性質のこと」です。神はねたみ深い恋人のように、人間の心の中に肉という競争相手が存在するのに耐えられず、神のみにささげられる愛の献身を要求されるのです (四・八)。

第三は、悪魔です (四・七)。世は神に敵対し、肉は聖霊に敵対し、悪魔は神の子キリストに敵対している。悪魔はかつて御使いの長であったが、傲慢の罪ゆえに神に裁かれたのです。悪魔はキリストに征服されたが、教会とキリスト者に反抗して、今日でも働き続けているのです。これらの敵対行為に対して、神がさらに豊かに恵みを与え、キリスト者の熱望を満たしてくださるような、三つの処置法が示されています。

(三) 三つの処置法

まず第一は「神に従いなさい」(四・七)です。ここには絶対的服従という軍隊用語が用いられています。傲慢は自らの欠乏を悟らず、自らの独立に固執し、自らの罪を認めません。しかし謙遜は、自らの力ではなく、神の力によってのみ、戦い抜き、勝利を得ることができるということを知っているのです。私たちの戦闘力は、自分の無力を認め、神の全能に頼るところに生まれます。

第二は、「神に近づきなさい」(四・八)です。どのように近づくのかといえば、自分の罪を認め、それを悲しみ、深刻に苦しみ、罪を告白して、赦しときよめを求めつつ神に近づくのです。

「罪ある人たち。手を洗いきよめなさい。二心の人たち。心を清くしなさい」(四・八)。そして神に近づく者に対する確かな約束は、「完全に救うことがおできになります」(ヘブル七・二五）です。「御顔の救い」（詩篇四二・五）は私たちに常勝不敗を確約しています。神に近づき、御顔の前で生涯こそ、最も恵まれた生涯です。

第三は、「主の御前でへりくだりなさい」（四・一〇）です。神は高き所に住まわれるが、謙虚な魂と、深く悔い改めた魂の者と共におられます（イザヤ五七・一五）。人は自分自身の無知、無力、無能を認識する時にのみ、神の導きを求めることができるのです。神への絶対的依存は、人生を確かに勝利へと高揚させてくれるのです。

十　成熟したキリスト者の計画

（四・一三〜一七）

数人の植物学者たちが、アルプスで標本にする花を探していました。すると絶壁のはるか下の谷底付近に、非常に珍しい花が見つかりました。花は、崖の途中に突き出した小さな岩の上に咲いていていました。命綱でしか行けない場所でした。振り返ると、少し離れたところに羊飼いの少年がいました。学者たちは少年を呼び、ピカピカの新しい硬貨を何枚か取り出し、「あの花を取ってきてくれたら、この硬貨をあげよう」と話しました。少年は深い谷を見降ろし、見慣れない学者たちの顔と硬貨を見つめて迷いました。硬貨は欲しいが、絶壁は危険、しかも命綱を握っていてくれるのは、この見慣れない人々なのです。少年は突然、何を思いついたのか、走り出して山の家へ駆け込み、しばらくすると、がっしりとした体格の親切そうな父親を連れてきました。少年は崖の淵にいた植物学者たちのもとに来て言いました。「谷底へ行ってもいいよ。僕のお父さんが命綱を持っていてくれるから」

そうです。神が命綱を握っていてくださるなら悲しみの谷にでも、痛みの峡谷にでも下りて行けます。いつ、どこにいても安全なのですから。「主のみこころなら、私たちは生きていて、このことを、または、あのことをしよう」(四・一五)

神の御手に握られた命綱である主に従って生きることこそ、成熟したキリスト者の明日があるのです。

(一)主のみこころに生きる必要(四・一三〜一四)

「きょうか、あす、これこれの町に行き、そこに一年いて、商売をして、もうけよう」と言う人たちは(四・一三)、かつてのユダヤ人や、現代の日本人のようです。ユダヤ人は古代から世界の大貿易商人でした。ここには、世界の地図を見ながら、新しい商売の拡張を計画している姿が生き生きと描写されています。

計画をすること自体は誤りではありません。しかし、商売への自信だけでなく、自分の生き方や人生の決定まで自分の思いどおりにできると過信しているところに誤りがあるのです。

人生は複雑で、不確実であり（四・一三～一四）、また空しい。ヨブは言います。「私の日々は機《はた》の杼《ひ》よりも速く、望みもなく過ぎ去る」「雲が消え去ってしまうように」「私たちの地上にある日は影だから」「人間は、日が短く、心がかき乱されることでいっぱいです。花のように咲き出ては切り取られ、影のように飛び去ってとどまりません」（ヨブ七・六、九、八・九、一四・一～二）。神に依存して計画を立てることこそ、真のキリスト者の特徴です。

（二）主のみこころに生きない罪（四・一六～一七）

「むなしい誇り」（四・一六）は、語源的には治っていないのに治ったと言って、自分の力を誇るやぶ医者のことです。ヤコブは警告しています。「なすべき正しいことを知って

いながら行わないなら、それはその人の罪です」（四・一七）

（三）主のみこころに生きる喜び（四・一五）

主のみこころひとすじに生きた使徒パウロは言っています。「神のみこころなら」（使徒一八・二一、Ｉコリント四・一九）「主がお許しになるなら」（Ｉコリント一六・七）。ことごとく主のみこころのままに生き、活動しました。主イエスも「わたしを遣わした方のみこころを行い、そのみわざを成し遂げることが、わたしの食物です」と言われました（ヨハネ四・三四）。

私たちも、成熟したキリスト者として、みこころを知り（使徒二二・一四）、よく悟り（エペソ五・一七）、わきまえ知る（ローマ一二・二）のです。主のみこころは最善、最高、最良であることを体験的に知った人はまことに幸いです。

私の恩師が米寿（八十八歳）を迎えた日に、「私にはよろめきがなかった」と言って、聖霊の導きにより、みこころ一筋に生かされてきた実感を証ししたのを、今も忘れることができません。そこには、あふれる平和、透徹したきよめ、輝かしい奉仕がありました。

十一　成熟したキリスト者の社会的情熱（五・一〜六）

社会思想を学んで不思議に思うことは、どうしてキリスト教が「人民のアヘン」と見なされ、どうしてこの世を否定し、彼の世に望みを託す超俗的なものとされたのでしょうか。聖書ほど、燃えるような社会的情熱を持った文章は他にはありません。また、社会的過ちや不正、富者と貧者との大きな格差に関して、これほど鋭く告発している文章も他にありません。

事実、聖書は強力な社会的機動力を持っています。

聖書は、富それ自体は非難していませんが、富の責任と、富める者の持つ危機に関して、厳格な主張をしています。

（一）富の欺き

この記事は、全体を通して注意深く選ばれた言葉が、生き生きとして画期的に用いられています。

当時、財産として主要なものが三種類ありました。穀物と着物、金銀です（五・二〜三）。ヤコブはその一つ一つについて、「腐る」「虫に食われる」「さびがつく」と言って、避けることのできない腐朽の事実を告げています。

ヤコブはこのたとえによって、「最高に貴重な物で、壊れることなどおよそ考えられないような物さえ、必ず崩壊するのだ」と警告しているのです。

やがては朽ちていく無価値なものに対する欲望は、恐ろしい癌やさびのようなもので、人間の体やたましいを食い尽くしてしまいます（五・三）。富が与えてくれる一時の安全や優美、光輝は、その人を消し去る激しい火と化すのです。何という恐ろしい欺きでしょうか。

（二）富の不正

ここで注意しておきたいことは、「聖書は、富そのものを非難しているのではないということです。確かに正当な手段で獲得された富もあり、責任ある活用をすれば祝福されたものとなります（Ⅱコリント九章）。

しかしヤコブは、不正な富について激しく非難しています。利己的な方法での金集め、つまり「未払い賃金（五・四）」に始まり、「ぜいたくに暮らし、快楽にふけ」る（五・五）という利己的な報復などを挙げて激しく責めているのです。

利己的で富んだ者たちは、貧しい人、弱い人、正しい人をしいたげ、キリストを再び十字架にかけるような罪を犯し、キリストの民を傷つけることになるのだ」とヤコブは言っているのではないでしょうか。

（三）富の結末

ヤコブは富の結末を明確に語っています。「聞きなさい。金持ちたち。あなたがたの上に迫って来る悲惨を思って泣き叫びなさい」（五・一）

まず、富は腐ります。そして人の性格を腐らせます（五・三）。「金銭を愛することが、あらゆる悪の根だからです。ある人たちは、金を追い求めたために、信仰から迷い出て、非常な苦痛をもって自分を刺し通しました」（Ⅰテモテ六・一〇）。富は確かな裁きを招くのです（五・三、五）。この裁きとは、「腐る」「性格がゆがめられる」という、現在のものでもあり、同時に未来のものでもあります。やがて裁き主が来られて（五・九）、徹底した義の審判を下すのです。

ローマ教皇インノケンティウス四世（在位一二四三～一二五四年）が金銀の食器などを鑑賞しながら、そばにいたトマス・アクィナスに言いました。「『金銀は私にはない』（参照使徒三・一～八）という時代は過ぎ去ったわい！」

するとアクィナスは答えました。「同時に、足のきかない人に向かって、『ナザレのイエス・キリストの名によって、歩きなさい』と命じ得る時代も過ぎ去ってしまったのです」

今の私たちはどうでしょうか。

十二　成熟したキリスト者の慰め（五・七〜一二）

一人の年老いた鍛冶屋が、大きな町の真中にある店で働いていました。人々は「あの人は大きな鎖を作る時は、慎重すぎてバカ正直なくらいだよ」とうわさしていましたが、彼はそんな言葉など気にもかけず、一段と精魂を込めて働きました。鎖の輪は一つ一つていねいに作られ、ついに完成し、運ばれていきました。やがて鎖は、大洋を航海する大きな船のデッキに、ぐるぐる巻きにして置かれました。それは何の役にも立たないように思われました。というのは、大きな錨は使われることなく、放置されていたからです。

ある晩のこと、ものすごい嵐が来て、船は大きな岩に乗り上げました。いかりが次々と投げ込まれましたが、糸のように切れてしまいました。ついに非常用のあの大きな錨が投げ込まれることになり、大きな鎖が解かれて、ピンと張るまで伸ばされました。その鎖が恐ろしいほどの嵐に耐えられるかどうか、みんなは心配そうに見守っていました。船は重みで傾き、鎖は震え、荒れ狂う嵐の中でヒューヒュー鳴りました。

今や何千人もの命と、多くの積み荷を運んでいる船の安全は、あの年老いた鍛冶屋の作った鎖一本にかかっていました。鎖の輪の一つでもおろそかに作られていたら、どうなっていたでしょうか。しかし彼は鎖の一つひとつを、どの部分にもテストを重ねながら入念に作っていました。それで、嵐がやんで朝が来るまで鎖は船を安全に保っていることができ、船にいた人々は輝く嵐を迎えることができたのです。

初代教会は、イエス・キリストの再臨が間近であるという期待を持っていました。そこでヤコブは、「耐え忍んで待つべきである」と勧告しています。

この待望の期間中、キリスト者はしっかりと信仰に結び付いていかねばなりません。不当に苦しむキリスト者への慰めも明らかにされます。耐え忍んだ人々の三つの規範が語られています。

(一) 農夫(五章七～九節)

忍耐できない人は、農夫にならない方がよいでしょう。一夜明けて収穫というわけにはいきません。しかも、自分の力で天候や雨量、日光量などを加減することは不可能です。実に長い忍耐を必要とする仕事なのです。ユダヤの国では、「秋の雨」と「春の雨」（五・七）は、二つの雨季のことで、農夫にとっては非常に重要です。聖書にもしばしば言及されています（申命一一・一四、エレミヤ五・二四、ヨエル二・二三）。

秋の雨とは十月下旬と十一月上旬に降る雨のことで、この雨がないと蒔かれた種はまったく発芽しません。

春の雨とは三月と四月に降る雨のことで、この雨がないと穂は十分に生長しません。農夫は、自然が活動を起こすまで耐え忍んでじっと待たなければなりません。そのようにキリスト者も、キリストが再臨されるまで耐え忍んで待つのです。

そしてついに貴重な実りが得られるように、三つの貴重な実りを結ぶのです。

第一に、悔い改めにふさわしい実を結びます（マタイ三・八）。悔い改めは、悪に背を向けて神の方へ向き直るという意味があります（エゼキエル三三・一一、ホセア一四・一～二）。まことの悔い改めは、ただ感情的に悲しむのではなく、生活そのものが本質的に変えられることであり、その真実性を証明する実りがなければなりません。

第二に、御霊の実りです（ガラテヤ五・二二～二三）。これはキリスト者に与えられる、聖霊による品性の実なのです。「愛、喜び、平安」はキリスト者の神に対する態度であり、

「寛容、親切、善意」は他の人々に対する態度であり、「誠実、柔和、自制」は自分自身に対する態度です。この全部は、聖霊に導かれたキリスト者の生活に現れる当然の産物、すなわち「聖霊の実」なのです。そのために「御霊によって生まれ」(ヨハネ三・五)、「御霊に満たされ」(エペソ五・一八)、「御霊によって歩みなさい」(ガラテヤ五・一六)と命じられているのです。

第三に、福音の実です(コロサイ一・六)。福音を聞いて理解し、受け入れて実を結び、それを他の人々に伝えて実を結ばせていく。そこに宣教の拡大と教会の成長もあるのです。

このために心を強くし、キリストの再臨が近いと信じて、油断せず(Iペテロ四・七)、失望せず(IIペテロ三・三以下)、きよくなり(Iテサロニケ五・二三)、喜びを持って主を迎えることができるようにしなければなりません。

このことは主ご自身が完成してくださることなのです。

「あなたがたを召された方は真実ですから、きっとそのことをしてくださいます」(Iテサロニケ五・二四)

(二) 預言者たち（五・一〇）

私たちがこれから経験しなければならないことを他の人が経験済みだということは、どんな場合でも慰めになります。山上の説教の際にイエスは、迫害に打ち勝った模範として預言者たちの名前を挙げました（マタイ五・一〇〜一二）。預言者は神のみこころに従っていても苦難に遭ったし、キリストの弟子たちもイエスの名によって神の言葉を宣べ伝えて迫害されました。忍耐とともに、忠実さが迫害させたのです。イエス・キリストも、神にまったく従順であり、その進まれた道はゴルゴタの十字架への道だったのです。

今日、世界で最も急速に宣教が拡大し、教会が成長している地域は、共産圏の、抑圧されている中だそうです。彼らは困難の中で命をかけてキリストを証ししているのです。私たちも預言者たちのように、神の御声を聞き、御顔を仰ぎ、神の御手に守られて、死に至るまで忠実に（黙示録二・一〇）、主にお仕えしようではありませんか！

（三）ヨブ記（五・一一～一二）

当時の人々はヨブについてよく話を聞く機会がありました。ヨブは非常に忍耐強い人でした。波乱万丈の彼の生涯を見てみると、彼が自分の身に起こった出来事に対して情熱を傾けて抵抗し、友人たちの月並みで正統的な議論に対して情熱的に問いただし、「神が自分を忘れ見捨てたのではないか」と思い、苦悶した姿勢を見ることができます。

ヨブのような情熱的な言葉を発した人はほとんどいません。ヨブは悩みに満ちた質問を神にぶつけましたが、決して神への信仰を失うことはありませんでした。これは偉大な事実です。

「見よ。神が私を殺しても、私は神を待ち望」む（ヨブ一三・一五）。

「私は知っている。私を贖う方は生きておられ」る（ヨブ一九・二五）。

ヨブの忍耐は、盲目的な服従ではありませんでした。疑いと悲しみと悲惨の波に大胆に立ち向かい、信仰に敵する勢力よりもさらに強い信仰を確保する勇敢な精神です。

ヨブはそのようにして、「主が彼になさったことの結末を見たのです。主は慈愛に富み、あわれみに満ちておられる方だということです」（五・一一）。

成熟したキリスト者の慰めは、主御自身であり、〝主がすべての報いとなってくださる〟ということなのです。

「最後まで耐え忍ぶ者は救われます」（マタイ二四・一三）。

十三　成熟したキリスト者の祈り

（五・一三～二〇）

デーヴィッド・ブレイナードは偉大な霊力の持ち主でした。彼が祈りによって成し遂げたわざは、「すばらしい！」のひと言に尽きます。ブレイナードの伝記を書いたゴードン博士は次のように言っています。

「彼はインディアンの言葉をまったく知らなかったが、ただひとり森の奥深くへ入り、終日祈っていた。自分の宣教の思いを通訳してくれる者を探さなければならない。

自分のこれからしようとすることをすべて神の御力によってしなければならないことを知った彼は、聖霊の力が彼の上に臨み、インディアンたちの前に立つことができるようにと、終日を祈りに費やした。

その結果はどうであったか。ある時は、立っていることさえ困難な酔いどれを通訳にして説教をした。しかし、そんな説教でも多くのインディアンが回心したのです。ブレイナードの背後にある『神の驚くべき力の現れであった』という以外に説明できない」

ウィリアム・ケアリもブレイナードの旅行記や伝記を読み、非常な感動を受けてインドへの宣教に出ていき、ロバート・マクシェーンもユダヤへ出ていきました。

デーヴィド・ブレイナードという一人の祈りと献身によって、一九世紀の宣教師の間に大きなリバイバルが起きたのです。

信仰の祈りは豊かな収穫の実を結び、私たちは神のわざを見ることができるのです。まさに成熟したキリスト者の祈りを、神も、世も、教会も待ち望んでいるのです。

この個所でヤコブは、四つの祈りを勧めています。

（一）苦しんでいる人のための祈り（五・一三）

福音のゆえに苦労し、災難に遭っている人々のための祈りです（Ⅱテモテ二・九）。

私の韓国の友人の一人は、北側からの突然の侵攻により親子離れ離れになってしまったうえ、北側の軍隊に捕らえられ、逃亡を企てては何度も失敗し、銃殺されることになりました。彼はすべてを主に託して祈りました。銃殺が秒読みに入ったその時、国連軍のジェット機が飛来し空襲が始まり、広場にいた銃殺執行人たちはみんな死に、友人たちは助かりました。

苦境に打ち勝つ力を与えられるのです（Ⅱコリント一二・七～一〇）。

ヤコブはここで、すべての人が苦しむわけではなく、順境にいる人もいると言っています。その人たちは「賛美しなさい」と勧めているのです。

キリスト者は、苦境の中に遭っても、順境にある時のように賛美することができるのです（参照使徒一六・二五）。祈りも賛美もともに大切です。

賛美は、心から（エペソ五・一九）、聖霊によって（エペソ五・一八）、感謝にあふれて（コロサイ三・一六）なされるべきです。

（二）病人のための祈り（五・一四～一六）

初代教会は、苦境の中で祈り、賛美する教会であり、癒やしの教会でした。ユダヤ人は、病気になると医者へ行くよりも、教会の指導者のもとへ行きました。指導者は病人に油を塗って祈ったのです。初代教会ほど病人に対して献身的に配慮した教会は他にはないでしょう。癒やしの賜物を持っている人がいて、その賜物が神から与えられたものであることが明確にされると、その人は長老として認められました。

教会は多くの病人のために祈り、神の力を証ししてきたのです。

神との正しい関係は、生活のあらゆる部分で健康を保つ前提条件だからです。特に過ちを犯した人は、神の前において、お互いに罪を告白して祈るようにとヤコブは勧めています（五・一六）。義人の祈りは働くと、大きな力があります。祈りの力は無限です。

（三）国民のための祈り（五・一七～一八）

ここでヤコブは祈りの模範としてエリヤを登場させています。

エリヤの物語は、旧約聖書の第一列王一七、一八章にあります。邪悪なアハブ王と王妃イゼベルが、当時の国民を、偶像礼拝に導いたため、神は刑罰として雨をとどめ、干ばつを送りました。そこで雨を降らせるために、偶像に仕える預言者たちと、真の神に仕える預言者エリヤがカルメル山上で対決しました。

神はエリヤの祈りに応えて雨を降らせ、地は再びその実を実らせるようになりました（五・一七～一八）。

私（有賀）が以前奉仕させていただいた関西聖書神学校では、一九五六年より毎月第一金曜日の夜に徹夜祈祷会、連鎖祈祷会を行い、全日本、全世界のリバイバルのために祈り続けています。リバイバル聖書神学校でも毎月第一水曜日の夜、山に入り半徹夜の祈りでリバイバルを祈っています。

神は、神の時に必ずリバイバルを起こしてくださいます。そしてそれは今まさに起ころうとしていることを信じています。

（四）迷い出た人のための祈り（五章）

このような人のために祈るには、特別な愛が必要です。「迷い出た」とは、神の言葉の真理（成熟したキリスト者としての倫理的、道徳的模範）からはずれたということです。迷い出れば、その結果罪に陥るのです。キリストを知らない人々を救いに導くことも大切ですが、同様に、キリストを知っていたのに迷い出た人を回復させることも、どんなに大切であるかを知っていてほしいのです。「愛は多くの罪をおおう」（Ⅰペテロ四・八）

このわざのためこそ、主イエス・キリストは十字架につけられ、死んで復活し、今も祈り続けておられるのです。

私たちも、愛の狩人（箴言一一・三〇）、平和の全権大使（Ⅱコリント五・二〇）、滅びゆく魂を救い出す消防士（ゼカリヤ三・二）、種を蒔いて世話をし、刈り入れる労働者（ヨハネ四・三四〜三八）として、仕えようではありませんか。

そして、神に対し、教会に対し、この世に対して、新しく献身の祈りをささげていこうではありませんか。

読者のための参考文献

『新聖書注解』（新約3）いのちのことば社
米田豊『新約聖書講解』いのちのことば社
W・バークレー『ヤコブ』（聖書講解シリーズ14）ヨルダン社
J・カルヴァン『ヘブル・ヤコブ書』（新約聖書註解XIII）新教出版社
小島伊助『聖書講解2』（小島伊助全集5）いのちのことば社

著者紹介

有賀喜一（ありが・きいち）

1933年、福島県白河市出身。禅宗・曹洞宗に熱心な家に生まれ、12歳の時、親友の突然死を機に、２年間の難行苦行の末、人間の死後の現実を確かめるために、鉄道自殺を試みたが、九死に一生を得た。14歳の1947年12月31日、大晦日の晩、お寺に向かっていたのに、街角でクリスチャンの上級生に出会い、無理やり教会に連れていかれ、初めてキリストの救いに導かれて、人生の大変革を体験した。迫害した家族も今は全員クリスチャンに回心。関西聖書神学校卒業、米フラー神学校大学院留学。名誉神学博士。アジアンアクセスジャパン大使（旧日本教会成長研修所理事長）、リバイバルミッション顧問、リバイバル聖書神学校校長、国際福音神学校校長などを務める。

編集：森重ツル子

装丁：長尾 優

＊本書の出版にあたり船倉希愛様からのご支援に感謝いたします。

転ばぬ先のレシピ　ヤコブが書き送った勝利の信仰生活

2024年6月20日　第1版第1刷発行

著　者　有賀喜一

発行所　株式会社　キリスト新聞社 出版事業課

〒162-0814 東京都新宿区新小川町９-１
電話03（5579）2432
URL. http://www.kirishin.com
E-Mail. support@kirishin.com

印刷所　協友株式会社

ISBN978-4-87395-834-7　C0016（日キ販）

キリスト新聞社

説教　最後の晩餐　吉村和雄著

教会は「あの夜」の出来事をこのように語る。品川・御殿山に建つ「キリスト品川教会」。そこで毎年受難週に行われる「聖晩餐礼拝」において語られた説教７編などを収録。「大衆伝道者」として語る著者の、激しくも慰め深い説教から、世界で最も知られた晩餐の出来事を臨場感を持って味わう。

四六判・152 頁・定価 1,760 円（税込）

説教 十字架上の七つの言葉
イエスの叫びに教会は建つ　平野克己著

イエスと共に、赦し、愛し、結び、渇き、叫び、ゆだねる……その道行きを、圧倒的な説教、そして若手画家・井上直の作品と共に静かに辿る。危機の時代の受難節（レント）を歩む教会に、新たないのちを吹き込む説教の言葉がここに！

四六判・216 頁・定価 1,870 円（税込）

『新版・教会暦による説教集』シリーズ

新型コロナ・ウイルスの世界的流行など、世界的に社会が変化しつつあるなか、現代の説教者は聖書から何を語るのか。
総勢 46 名の若手からベテラン伝道者による、「今を生きる新しい言葉」を通して教会暦を味わう説教集シリーズ。

クリスマスへの旅路
アドヴェントからエピファニーへ
越川弘英編　荒瀬牧彦、片柳弘史ほか著
四六判・232 頁・定価 1,980 円（税込）

イースターへの旅路
レントからイースターへ
荒瀬牧彦編　吉岡恵生、関野和寛ほか著
四六判・256 頁・定価 1,980 円（税込）

ペンテコステからの旅路
聖霊降臨日から教会行事暦へ
中道基夫編　朝岡勝、川﨑公平ほか著
四六判・240 頁・定価 1,980 円（税込）

重版の際に定価が変わることがあります。